시조 한 수 하이쿠 한 수

구성달

이 책에는 우리의 정통 시인 시조(時調) 한 수와 일본의 정통 시인 하이쿠(俳句) 한 수를 같이 실었습니다.

시조(時調)의 율격

3. 4. 3. 4

3. 4. 3. 4

3. 5. 4. 3

하이쿠(俳句)의 율격

5

7

5

ⓒ 시조 한 수 하이쿠 한 수

지은이 ● 구성달
펴낸이 ● 강옥현
주   간 ● 양재일
발행처 ● 도서출판 오감도
초판 인쇄 ● 2025년 8월 17일
초판 발행 ● 2025년 8월 20일
전화 070-7778-2591 010-3206-2591
팩스 (031) 775-0161
출판 등록일 ● 제 10-1651(98. 10. 15)
서울시 중구 을지로3가 268 유일빌딩 604호
ISBN 978-89-5698-444-5 03810
값 15,000원

🖋 머리글

45년생 해방둥이입니다.
광복 80주년입니다.

대한민국과 일본은 지금도 삐걱거리고 있습니다.
대한민국이, 우리와 일본 사이에 있었던
역사적 사실을 솔직하게 정확하고 정직하게만 가르치면
한일 간은 바로 진정한 이웃이 됩니다.

대한민국은 학생들에게, 우리 선조들은
일본 사람 앞에서는 바보·머저리들이었다고만 가르치면서
그 말을 믿으라고 계속 강요하고 있습니다.

있었던 역사적 사실 그대로를 정직하게, 정직하게
가르치고 배우면 됩니다.

벚꽃 - 대한민국 꽃!
사쿠라 - 일본의 꽃!

정든 님 가시는데 • 016

상처 • 017

변덕 • 018

피로 • 019

세월 • 020

욕심 • 021

봄 여름 가을 겨울 • 022

생로병사 • 024

모과 • 026

작은 우리 • 027

별 • 028

혀 설(舌) • 029

봉사 • 030

사랑 • 031

꿈 • 032

차 한 잔 • 033

세 친구 • 034

참을 인(忍) • 036

인사(人事) • 037

폭포 • 038

분수 • 039

약 • 040

나와 옥수수 • 041

아름답게 싱싱하게 • 042

농촌 • 043

눈물 • 044

바람 • 045

무지개 • 046

오는 이 가는 이 • 047

엄마 나라 • 048

안절부절 • 049

헬 조선에서는 • 050

길 1 • 052

음미 • 053

아버지 생각 • 054

길 2 • 056

노옹 • 057

아비도 변변찮고 • 058

세상인심 • 060

번개 족속 • 061

비 • 062

고독 • 063

하늘 • 064

난과 나 • 065

기우제 • 066

미인 • 067

시름 • 068

탁배기 한 잔 • 069

하늘 • 070

운명 • 071

엄마 얼굴 • 072

환희 • 073

집착 • 074

겁 나지 않아 • 075

엄마의 정화수 • 076

엄마아! • 077

엄마 없는 하늘 아래 • 078

소나무 • 079

학(鶴) • 080

냉정 • 081

인색하지 마 • 082

모두는 혼자 • 083

나이 • 084

별 • 085

술 • 086

야망 • 087

세상 행복 • 088

만월 • 089

반 반 • 090

남은 건 • 091

갈바람 • 092

종재기·종바리 • 093

빨갱이 • 094

앙금 • 095

하늘이여 땅이여 • 096

고픈 배는 참지만 • 097

바보 • 098

미수(米壽) • 099

위대하신 대한민국 • 100

한 여인 • 102

벼락 • 104

저녁놀 • 105

비워라 • 106

모진 놈 • 107

하늘 바늘 • 108

염화미소 • 109

안경 • 110

보청기 • 111

옷 • 112

천혜 • 113

사진 • 114

무지개 • 115

봄꽃 • 116

우리 집 • 117

뿌리 • 118

면경 • 119

가슴속 사진 • 120

바다 • 121

소시민 • 122

인연 • 123

산 • 124

멀뚱멀뚱 • 125

하(河)와 강(江) • 126

조급 • 127

가만있어 • 128

노인 • 129

정지 • 130

동무 : 조선 • 131

기도드린다 • 132

미련 • 133

시 한 수 • 134

돌부처 • 135

술 • 136

오만 풍파 • 137

친구 • 138

TV 리모컨 • 139

걸레 • 140

엄마 팔베개 • 141

이불 • 142

두루마리 화장지 • 143

오늘은 웃자 • 144

달러(Doller) • 145

새벽 • 146

홀로 • 147

저녁놀 • 148

대머리 • 149

전화 • 150

에어컨 • 151

장맛비 • 152

우리의 정 서방 • 153

격랑 바다 • 154

찬란한 햇살 • 155

쓰다 달다 하지 마라 • 156

지청구 • 157

마음 • 158

그리움 1 • 159

그리움 2 • 160

그리움 3 • 161

내 죄 • 162

매미 쓰르라미 • 163

공원 벤치 • 164

병든 임금 • 165

반쪽 • 166

공수래공수거 • 168

기백 • 169

하나님의 작정 • 170

물과 돈 • 171

세상일 • 172

부모 자식 • 173

늙은 친구들 • 174

일 • 175

진정한 행복 • 176

혼자 • 177

졸업 • 178

네 마음 • 179

너를 대접하라 • 180

좋은 추억 • 181

이맛살 • 182

웃음 • 183

양파 • 184

감자 • 185

어머니도 가시더라 • 186

천장과 천당 • 187

제 인생 크기만큼 • 188

냉장고 • 189

내가 드리는 선물 • 190

나침반 • 191

어찌 눈 감으랴 • 192

바람 • 193

덥다 춥다 • 194

기적 • 195

지팡구 • 196

만족 • 197

부러워 • 198

잡놈들 • 199

족보 • 200

무명작가 • 201

너를 지켜라 • 202

어리석음 • 203

한 • 204

만년필 • 205

연필 • 206

볼펜 • 207

먹물 • 208

너의 목소리 • 209

막걸리 • 210

새 • 211

검 • 212

질그릇 • 213

놀라지 마시게 • 214

못된 습관 • 215

커튼 • 216

만족 • 217

중독 • 218

멋진 인생 • 219

살모사 • 220

깜냥 • 221

시나브로 • 222

잉크 • 223

정립(鼎立) • 224

전각 화각 • 225

~~~지 • 226

~~~니 • 227

미주알 고주알 • 228

자생 빨갱이 • 229

바다 • 230

오늘 • 231

희망 • 232

열매 • 236

나의 사랑 • 237

이순과 고희 • 238

삶 • 239

나와 옥수수 • 240

모과(모개) • 241

봄꽃은 첫사랑 • 242

추억 • 243

인생 • 244

당신의 무게 • 245

내 사랑 네 사랑 • 246

빈손 • 247

그리움 달고 • 248

곶감 말리는 모습 • 249

아리랑(郎) 쓰리랑(娘) • 250

염소 • 251

한글 한문 • 252

정든 님 가시는데

가을비 오시는데
정든 님 가시는데

가을비 소리 없고
정든 님 말이 없고

가을비 눈물이었나
정든 님의 젖은 뺨.

새빨간 잎새
정든 님 고운 어깨
기러기 기럭!

상처

육신에 상처받고
가슴에 상처받고

하늘의 위로받고
땅 위의 격려받고

우리네 인생살이가
강 흐르듯 흐른다.

아침에 울면
저녁에는 웃는가
겨울 꼬리 해.

변덕

여기선 청개구리
저기선 카멜레온

아침엔 조변석개
저녁엔 조삼모사

그 어느 장단에 맞춰
너의 심사 알겠나.

우리의 얘기
누가 누굴 씻을까
갈대의 미소.

피로

피로를 푸시려고
히로뽕 처마시나

훌딱쇼 하시려고
대마초 퍼드시나

밥벌레, 밥이나 먹고
기운차게 살아라.

노을빛 울고
찬 서리 내리는데
하이고, 개뿔.

세월

술 앞에 장사 없고
매 앞에 장사 없다

연약한 인생들이
주저리 섬기지만

진정히 장사 없는 건
세월 앞이 아닌가.

봄날은 간다
연분홍 치맛자락
백발의 아내.

욕심

놀부는 욕심쟁이
흥부는 허풍쟁이

놀부는 재물 부자
흥부는 자식 부자

나눌 줄 모르는 형제
고생 고생 하여라.

무자 상팔자
재물은 화근 뿌리
겨울비 내려.

봄 여름 가을 겨울

까맣던 땅 위에서 무엇이 보이었다
파아란 새싹이고 노오란 꽃이었다
새것이 눈에 보이니 이 시절이 봄이다.

풀에서 나무에서 굵은 알 작은 열매
여기도 열리었고 저기도 열리었다
열매들 열려 있으니 이 계절은 여름* 하(夏)!

노랗고 새빨갛고 예쁘고 아름다운
오곡과 백화들의 결실을 거둬들여
곳간에 갈무리 하니 가을이라 해야지.

날씨가 쌀쌀하니 따뜻한 집안에서
소봇이 앉아서는 가사일 하는 가족
집안에 겨오시오니* 겨울이라 한다지.

춘하추동하!
위대하고 거룩한
행복한 인생.

* 여름 : 여름은 '열음'에서 나온 말.
* 집안에 겨오시오니 : 그 여인을 겨집년(계집년).

생로병사

나올 때 아픔이야 내 어이 알겠는가
어머니 아파 아파 몸서리 치셨겠지
어머니 죄송합니다 날 때부터 불효자.

환갑에 접어들어 버스를 타고 간대
어여쁜 여학생이 자리를 양보한다
아이쿠, 하마 늙었나 하늘빛이 노랬다.

두통이 찌끈찌끈 발가락 욱신욱신
피부는 가려웁고 뱃속은 찌릿찌릿
뼈마디 오장육부가 전쟁터가 되었다.

죽음은 두렵잖아 그 과정 겁이 난다
몇 년을 골골하고 몇 달을 받아내나
자식들 외면 뻔한데 이거 정말 어쩌나.

왜 세상 왔나
고생 잔뜩 하라고
찬비 속 낙엽.

모과

늙어도 향기 내고
썩어도 냄새 안 나

겉모양 우습다고
속까지 허접더냐

인물값 한다는 연놈
가슴속은 오랑캐.

오곡백과는
모두가 보물창고
그 중 왕 모과.

작은 우리

누구를 이기려고
악쓰지 말아야지

무엇을 가지려고
애쓰지 말아야지

그렇게 하면 할수록
나만 작아지더라.

물각유주라
이웃을 내 몸같이
폭풍 오기 전.

별

하늘의 별님처럼
찬란히 빛나다오

온 국민 두 손 모아
그 자리 모셨더니

써팔놈 나라 돈 먹고
큰 별 달고 큰집 가.

별 흐르는 밤
간절한 국민 소원
동천의 똥별.

혀 설(舌)

천(千) 개의 주둥이(口)가
한곳에 뭉쳐 있다

얼마나 많은 사람
너에게 시달렸나

세상의 모든 화근이
너의 불찰 아니냐.

3 끝 조심해
혀끝 발끝 ㅈ끝을
살얼음 인생.

봉사

봉사는 누가 하나
봉사가 봉사한다

봉사는 남을 위해
희생을 하는 거다

제 이익 보지 못하는
봉사만이 하는 일.

야박한 세상
열 일을 제쳐 놓고
얼음 속 풍덩.

사랑

흔하디 흔한 말이
사랑한단 말이렷다

무엇이 사랑이고
어떤 게 사랑인가

스스로 손해 보는 일
자청하는 일이다.

위대한 사랑
나 죽고 너 사는 것
동토의 장미.

꿈

학교의 선생님은 큰 꿈을 꾸어라고
어벙한 나에게는 작은 꿈 하나 없어
밤마다 가위에 눌려 죽는 꿈만 꾸었다.

이제는 백발 되어 할 일도 멀리 가고
온종일 빈둥대다 종이에 몇 자 쓰고
밤이면 짧은 잠자며 엄마 꿈만 꾸네요.

꿈을 가져라
그것이 무슨 말씀
모두가 춘몽.

차 한 잔

온종일 빈집에서
나 혼자 왔다갔다

귓속엔 매미 울고
기억은 가물가물

파아란 녹차 한 잔을
앞에 두고 긴 한숨.

신선의 음료
술 한 잔에 시 한 수
가을 산 노을.

세 친구

1. 초등학교 친구 신복수

마음씨 새잎 같아 언제나 피해 보고
열 살도 안 된 녀석 가슴은 어른이라
언제나 사슴 눈으로 나를 지킨 너였다.

2. 고등학교 친구 이바우

바우야 이 바우야, 평생을 함께 하자
소금밥 먹으면서 얼음 위 잠자면서
피 어린 그 약속들을 어이 하란 말인가.

3. 대학 친구 강기수

적빈의 산골 놈이 서울서 헤매일 때
먹던 밥 나눠주며 입던 옷 벗어 주던
거인의 강기수 놈아, 혼자 가면 어떡해.

가인은 박명
가슴에 상처 많아
한겨울 쑥떡.

참을 인(忍)

마음에 새겨 두자
참을 인 이 글자를

성질은 화급하고
머리는 멍청한 놈

영원한 패자 되기 전
생각 하자 인인인(忍忍忍).

참을 인 석 자
살인도 막는다고
백발 가슴에.

인사(人事)

인사가 만사이다
어렵다 적재적소

경영자 탄식한다
인재는 어디 있나

허리를 조용히 굽혀
인사라도 잘 하자.

봄바람 난 년
절하는 등 마는 등
이 풍진 세상.

폭포

새하얀 비단 한 필
하늘서 펼쳐진다

빛 고운 천사 날개
백설의 직조 솜씨

어머니 고운 옷 한 벌
지었으면 좋겠다.

엄마 베적삼
꿰어 맨 치맛자락
북풍 속 들일.

분수

하늘로 솟아 오른
탄탄한 근육 보라

세상의 불안 걱정
모두 다 떨쳐내고

한 마리 비룡이 되어
하늘 땅을 묶는다.

동양은 폭포
서양은 분수라고
봄맞이 씻음.

약

백 세의 시대 맞아
백 가지 약을 먹고

구순의 할매들이
내 나이가 어때서

참으로 좋았던 약은
엄마 약손이었다.

약으로 산다
밥보다 많은 약을
하현달 지다.

나와 옥수수

내 수염 새하얗고
옥수수 새카맣고

내 치아 듬성듬성
옥수수 빼곡빼곡

나이를 거꾸로 먹나
옥수수야, 강냉아.

늙으면 허공
옥수수는 꽉 찬데
지혜의 곳간.

아름답게 싱싱하게

꽃처럼 아름답게
잎처럼 싱싱하게

꽃 지면 어떡하나
뭘 보고 살아가나

꽃 지고 새 잎 나오니
더욱 청청하여라.

사월의 봄꽃
푼푼이 날리더니
오월의 신록.

농촌

공기가 좋은 농촌
물맛이 좋은 농촌

인심이 좋은 농촌
어쩌구 저쩌구요

그곳에 한번 살아 봐
농촌 인심 어떤가.

귀농 실패자
농사 기술 모자라?
인심에 질려!

눈물

슬퍼서 우는 눈물
기뻐서 우는 눈물

못 만나 우는 눈물
만나서 우는 눈물

인생의 희로애락에
눈물 함께 하더라.

어제는 울고
오늘은 울고불고
추녀 고드름.

바람

봄바람 계집아이
속곳엔 참꽃 피고

갈바람 사내아이
속옷엔 장대 서고

좋구나, 바람 불 때에
영차 영차 하여라.

인생 즐겨라
늙음은 밀물처럼
갈바람 윙윙.

무지개

솔롱고* 컴온 캄온
아낙네 잡아가고

솔롱고 임금 잡아
마빡에 충 자 붙여

몽고놈 고려에 와서
행패 작패 다 했다.

이웃인 일본
위안부, 강제 노역
대낮의 장님.

* 솔롱고 : 몽고가 고려국을 가리키는 말로 무지개란 뜻. 우리는 몽고가 고려국에 쳐들어와서 부린 행패를 일제가 했다고 가르치고 있다.

오는 이 가는 이

오는 이 막지 말고
가는 이 잡지 마라

올 일은 오고 말고
갈 일은 가고 만다

잡았다, 놓쳐버렸다
일희일비 말거라.

인연에 따라
오가는 것이어늘
갈바람 잡아?

엄마 나라

나이나 젊어야지
이민도 가는 거다

살려고 피 흘리다
섣달도 그믐인데

엿같은 이 나라 떠날
이민길도 막혔다.

엄마 땅 모국
뼈 묻고 싶지마는
삭풍만 불어.

안절부절

목숨이 있는 동안
당황할 일이 없다

될 일은 될 것이고
안 되면 그만이다

한 생을 사는 동안에
안절부절 말거라.

헐레벌떡 삶
뜻 없는 흰 구름들
천둥 치는데.

헬 조선에서는

헬 조선 대한민국 여기는 아수라장
천륜은 잡아먹고 인륜은 삶아 먹고
오로지 살아남는 건 황금의 힘뿐이다.

헬 조선 이 나라엔 교묘한 사술 부려
돈 먹고 명예 먹고 부귀에 영화까지
세상 것 몽땅 누리며 황제처럼 떵떵떵.

힘 없고 빽 없는 놈 무참히 당하고선
검찰청 찾아가고 경찰청 방문해도
서로가 발뺌들 하여 남은 숨통 끊는다.

헬 조선 여기에서 가슴에 못 박힌 놈
그 못을 뽑으려면 한 가지 방법 있다
가진 것 몽땅 팔아서 깡패 사서 끝내라.

여긴 헬 조선
그 속을 들여다봐
서부 활극장.

길 1

초등교 다닐 적에 선생님 말씀했다
미국인 마음 곧아 모든 길 쭉쭉 뻗고
조선인 마음이 굽어 모든 길이 꼬부랑.

오늘도 차를 타고 시골로 내려간다
모든 길 쭉쭉 뻗어 꼬부랑길 없어졌다
이 땅의 사람들 마음 꼬불꼬불 더하다.

직선은 인간
곡선은 하나님 길
어찌하리오.

음미

어머니 지어 주신
된장국 음미하고

커피를 한 입 물고
그 향미 음미하고

팔순의 인생살이에
삶의 음미 뭐였나.

혓바닥 5미
인생의 맛은 몇 개
고초당초 맛.

아버지 생각

다섯 살 동짓날에 아버진 북망산에
다음 해 멍한 족속 포탄에 불붙이고
서른둘 청상과부인 엄마 따라 피난길.

경상도 청도에서 마구간 한 귀퉁이
홀어미 오 형제가 해골의 피난살이
밤마다 빨갱이 새끼 동네방네 휩쓸고.

얼마나 지났던지 거지꼴 보따리를
엄마는 머리 이고 형들은 등에 지고
영천의 어느 개천가 밤비 속에 잠들고.

아침에 일어나니 빨간색 망아지가
목숨이 경각 속에 발발발 떨고 있어
옷가지 등짝에 덮어 온 가족이 껴안고.

이놈의 가는 목에 끈 하나 묶어서는
풀 먹여 끌고서는 의성 땅 왔었는데
한밤중 화적 떼 놈들 뺏어 가서 처 잡숴.

그 후로 학생 되어 나대론 바쁜 나날
아버지 가신 일도 피난길 고생 일도
까맣게 잊어 버리곤 팔순 넘어 버렸다.

아버진 호미
어머니는 날 선 낫
누가 그랬나?

길 2

소풍길 즐거웠고
신혼길 황홀했고

삶의 길 힘들었고
노쇠길 뼈아팠고

북망산 가는 길에는
비 오려나 개려나.

어제 걷던 길
오늘은 못 걸으니
북풍 서릿발.

노옹

저녁볕 아스라이
벚꽃을 간지른다

벚꽃은 참다 못해
호호호 춤을 춘다

팔순이 넘은 노옹은
눈이 부셔 감는다.

살 같은 세월
산 넘는 흰 구름아
벚꽃, 또 만나!

아비도 변변찮고

아비도 변변찮고 자식도 시원찮아
팔순도 못 해 먹고 골방에 홀로 앉아
스르르 두 눈 감으니 아버지가 생각나.

그렇지, 나에게도 아버지 계셨잖아
지나간 칠십여 년 가슴에 안 계셨다.
서른에 다섯 더하고 훨훨 가신 아버지.

산신령 영감 되어 아버지 생각나니
천하에 이런 불효 어디에 있겠는가
아버님 죄송합니다 붉은 눈물뿐이네.

엄마와 함께하는 아버지 유골함에
찢어진 나의 심장 터진 목 울부짖음
부모님 사랑합니다 회초리를 치소서.

날 낳으시고
날 기르신 두 어른
백설 뿌리고.

세상인심

이 시련 겪는 동안
뉘 하나 위로 없다

내 평생 잘못 살아
그런가 한다마는

인심아, 세상인심아
너도 그리 말아라.

내 코가 석 자
네 코는 여섯 자라
고드름 닷 발.

번개 족속

번개가 연애하듯
번개가 사업하듯

번개가 이혼하듯
번개가 포기하듯

조막손 흔들어대며
번개처럼 망한다.

오늘은 초조
내일은 서스펜스
여름밤 번개.

비

비 오면 천장에서
굵은 비 떨어졌다

그 설움 벗어나려
피땀을 비 오듯이

어느덧 석양이 붉어
눈물비가 내린다.

석 달 장마에
백일의 가뭄이라
겨울 달팽이.

고독

어제는 외로웠고
오늘은 고독하다

마음 문 닫혀 있고
생각은 빗장 쳤다

멈춰라, 북망산천 길
연습하는 하루들.

어제는 울고
오늘은 한숨 쉬고
저녁놀 타고.

하늘

밥 달라 계집 달라
옷 달라 사내 달라

집 한 채 주시지요
논밭도 주시구요

하늘은 오늘도 운다
달라는 놈뿐이니.

하늘이 운다
종놈 부리듯 하니
겨울비 철철.

난과 나

이십 년, 난 한 뿌리
마지막 숨을 쉰다

팔순의 나와 함께
고달피 마주 본다

서산에 지는 해 보며
고이 눈을 감는다.

풍우 지나고
숨결들 흘러 간다
만추 산마루.

기우제

을사년 모진 가뭄
마실 물 사라졌다

할망구 속곳 벗고
아래를 내놓았다

손바닥 구름 한 점이
할망구에 답했다.

할매 피속곳
디딜방아 다리에
봄 가뭄 갔다.

미인

서시(西施)는 침어(沈魚)이요
왕소군(王昭君) 낙안(落雁)이라

초선(貂蟬)은 폐월(閉月)이요
양귀비(楊貴妃) 수화(羞花)로다

내 아내 K 백조님은
해님처럼 웃었다.

달은 흐르고
너 또한 구름같이
춘몽의 우리.

시름

창 밖엔 흰 벚꽃이
두둥실 구름 되고

색깔 옷 곱게 입은
천사들 강강술래

노옹아, 어찌 그대만
시름 겨워 하느뇨.

노옹, 웃어라.
화무십일홍이요
섣달 보름달.

탁배기 한 잔

있어도 걱정이요
없어도 걱정이라

천석꾼 천여 걱정
만석꾼 만여 걱정

두어라, 탁배기 한 잔
신김치가 있었지.

아! 아! 세노야
한 조각 구름 같은
봄나비 날고.

하늘

악한 놈 부자 되고
더런 놈 장수하고

선한 놈 찢어지고
고운 님 먼저 간다

하늘도 오물 덩어리
뭣 하려고 받겠나.

도깨비 쟁쟁
허깨비 장구 치고
가을 빈 들판.

운명

슬픔도 마다 않고
아픔도 싫다 않고

내 운명 이것이면
기꺼이 받아 왔다

한평생 지나고 보니
희비애락 형제다.

달면 삼키고
쓰면 뱉어 버렸지
개울물 꽁꽁.

엄마 얼굴

그믐밤 공동묘지
외통수 그 길에서

온몸이 돌이 되어
벅수*로 서 있었다

심장이 식어 가는데
엄마 얼굴 보였다.

길고 긴 시련
사경의 암흑천지
엄마 미소가.

* 벅수 : 장승

환희

몸으로 마음으로
얼마큼 아파봤나

북망산 검은 도포
가자고 소매 끌던

그 고통 조금씩 벗고
회복될 때 그 기쁨.

죽음의 계곡
북풍은 울고불고
봄 햇살 반짝.

집착

맹탕에 어리석고 갈탕에 숨 막힌 놈
모든 것 빼앗기고 전부를 흩날린 뒤
떨어진 짚신짝 들고 칼날 앙탈 부린다.

주먹을 펼쳐야만 올가미 빠지련만
땅콩 알 몇 개 쥐고 손목이 끊어져도
생각은 몇 개의 콩알 목숨 어디 보이나.

두 눈을 부릅뜨나 보지는 못하는 눈
머리는 위에 달고 생각은 아래 박고
한평생 갈팡질팡 길 피눈물의 한 세상.

아둔한 머리
피맺힌 걸음 걸음
폭풍우 쾅쾅!

겁 나지 않아

예쁜 꽃 피다 가고
고운 새 울다 가고

어버이 바람 되고
형제는 구름 되고

이제는 어디에서도
언제라도 다 좋다.

두고 온 본향
꽃향기 바람 일고
단옷날 먼동.

엄마의 정화수

정화수 떠 놓고서 샛별을 쳐다본다
눈서리 내린 새벽 엄마 손 새빨갛다
다무신 입술 속에서 깊은 소원 비신다.

시집간 큰딸 걱정 군대 간 아들 걱정
할머니 아프시고 아버진 객지 생활
성에 낀 앞이마 희고 엄마 허리 더 깊다.

이 산의 정기시여, 저 강의 효험이여
위대한 천지시여, 이 가정 도우소서
간 절어 속이 새카만 엄마 마음 아소서.

신이신 엄마
이 가정 품으시고
눈길 따습어.

엄마아!

쇳덩이 한 짐 지고 비탈길 올라간다
허리는 꺾어지고 숨통은 콱콱 막혀
눈앞이 가로막히어 가물가물 하는데.

절벽은 가파르고 닿을 곳 하늘인데
귓속은 멍멍하고 입속은 바싹바싹
노랗고 새카만 땅이 울렁울렁 막춤을.

죽는다 죽는구나 이제는 끝이구나
이 산 속 어둔 계곡 나 홀로 가는구나
엄마아, 터진 소리에 번쩍 깨니 꿈이다.

막다른 골목
구원의 따슨 손길
봄바람 엄마.

엄마 없는 하늘 아래

이 세상 그 누구가 내 아픔 안아주나
모두가 밍밍한 손 덤덤한 말 한마디
어머니 떠나신 세상 찬 서리만 내리지.

어머니 없는 세상 모두가 고아이다
단단히 마음먹고 이 물고 일어서라
눈물이 쏟아지거든 엄마 사진 보아라.

엄마야, 나의 엄마 보고픈 우리 엄마
불붙은 부지깽이 대갈통 내리치고
내 머리 껴안으시고 엉엉 우신 어머니.

마누라 좋아
얼마나 좋은 건데
언 치마 눈물.

소나무

나 혼자 외로울 때 낙락송 찾아간다
그 홀로 서 있지만 절대로 외롭잖다
당당한 아름 기둥에 청청한 빛 거룩타.

사시절 한 곳에서 춘추의 시련들을
묵묵히 견디면서 현자의 기상으로
찾는 이 어루만지며 축복 내려 주시니.

백 살을 산다 한들 뭣 하나 남길 건가
먹는 일 입는 일에 한평생 힘겨하고
사는 맛 어디 한 번을 보여 준 적 있었나.

언제나 청청
누구나 맞아 주고
한겨울 진객.

학(鶴)

장송의 꼭대기에 의젓이 앉은 학아
물총새 꼬리 끝이 가볍다 하지 마라
의젓이 앉은 네 맘이 속절없이 가벼우니.

* 1967. 중앙일보 졸작

속내는 까마귀고 거죽은 학이로고
거룩한 옷을 입어 황홀한 풍채로다
엊저녁 동틀 때까지 박쥐 생각 춤췄다.

혈연은 거룩하고 학연은 위대하다
가진 것 태산이고 펼친 것 대해로다
오늘은 또 누굴 삶아 생쥐 눈알 또드룩.

저승 간 학들
이승엔 까마귀 꺆!
장맛비 눈물.

냉정

머리는 용광로에 가슴은 냉동창고
입에는 모터 달고 귀에는 솜틀 막고
기나긴 허송세월에 바닥 보인 인생아.

모두들 눈을 감고 잠잠히 사색할 때
제 혼자 아귀처럼 천하가 비좁았지
그 인생 말년이 되어 허장성세 되었다.

아침에 도 얻으면 저녁엔 죽어도 돼
눈물에 콧물까지 허허한 가슴이지
그래도 못질하기 전 깨우치긴 했는가?

가슴은 온돌
수족은 봄날 농부
한가을 곳간.

인색하지 마

전대에 넣어 둔 돈 닳아서 버려져도
언제나 어디서나 잔머리 데굴데굴
동가식 서가숙 하며 한 움큼을 챙겼지.

노랭이 할아비에 꼬질이 아비에다
한 발짝 더 나아간 철면피 파렴치범
세상의 모든 이웃이 두 손 두 발 들었다.

어제는 조리 촐싹 오늘은 요리 촐랑
이골 난 세상살이 기름길 밴질밴질
한 방에 날아갔구나 더 모진 놈 아구로.

좁쌀네 곳간
돈도 곡물도 가득
겨울 쓰나미.

모두는 혼자

환란에 빠져 봐라 고통에 젖어 봐라
그 아픔 산을 넘어 그 슬픔 강을 건너
친구와 일가친척들 속속들이 다 안다.

애타서 가슴 치고 분해서 악쓰지만
세상은 웃으면서 춤추고 노래하고
모두들 먼 산 보면서 게걸음을 걷는다.

누구나 혼자
세상인심 그렇고
동태 인생들.

나이

숫자에 불과한 게 나이라 하더라만
그 말에 이르는 이 몇이나 되겠는가
다 먹고 새겨내어도 나이 먹곤 못 새겨.

일흔도 많은 나이 여든은 말해 뭣 해
머리끝 시작하여 저 아래 발끝까지
성한 곳 몇 곳이더라 쓰리고도 아리니.

백 년을 살겠다고 가슴에 웅쳐 넣고
영양제 숨어 먹고 면역제 몰래 먹고
아이구, 그리 해 봤자 저승길만 더 길지.

그렇구 말구
인생칠십고래희
휘! 갈 가마귀.

별

모두가 동녘 하늘 빛나는 별이구나
주야로 갈고 닦아 찬연한 별이로다
숨겨진 가슴 속 별들 이제서야 선보여.

날마다 떠들대며 혼자서 별이더니
별 볼 일 없는 인물 별일만 당한다니
더 이상 별 탈 없이만 살아 주면 고맙지.

별 헤는 밤들
알퐁스 도데의 별
한낮 별똥별.

술

여리고 약한 놈이 차이고 터지다가
막소주 들이붓고 눈알이 뒤집혀서
주먹을 휘둘러대며 어릿광대 떠는데.

독한 놈 그 꼬라지 이 물고 노려본다
저놈이 돼지려고 완전히 환장했네
악질 놈 몽둥이 들고 복날 개를 잡는다.

빌빌이 못난 놈아, 뜯기며 살다 죽자
그렇게 태어난 몸 어떻게 한단 말가
날뛰면 점점 휘감는 올가미를 모르니.

타고 난 팔자
독종들 득실득실
살얼음 빙판.

야망

이 세상 부귀영화
누구의 것이던가

강들은 관심 없고
산들도 욕심 없다

움켜쥘 야망 가진 자
품속 깊이 품는다.

나이는 이팔
생각은 백발 노인
동짓달 흥부.

세상 행복

미안타 하는 사람
용감한 사람이다

용서를 하는 사람
강인한 사람이다

망각해 버리는 사람
세상 행복 다 가져.

터지는 분노
노래로 달래는 이
토네이토다.

만월

만월이 반월 되듯
꽉 차면 비우는 것

가진 것 잃었다고
앙앙앙대지 마라

너 떠난 금은보화들
주인 찾아간 거다.

자식 떠나고
논밭 흩어져 버려
설한풍 초가.

반 반

해 볼 것 다 해 봤음
당할 것 당해야지

모두가 숨찬 길에
너 혼자 가마 타랴

한세상 울고 웃으며
주고받고 사는 것.

대감님 두 눈
방울방울 굵은 비
가을바람 쓱!

남은 건

부모님 떠나가고
형제도 가 버리고

이웃들 사라지고
친구들 멀리 갔다

끝까지 달라붙은 건
걱정 근심뿐이다.

인생 팔십 년
안개처럼 떠나고
흰서리 몇 개.

갈바람

나 혼자 살다 간다
너 혼자 살다 간다

먹을 땐 손을 잡고
춤추고 노래한다

일 한 번 생겨 보아라
제 살기가 바쁘다.

우리는 하나
꽃 필 땐 다 그렇다
갈바람 설렁.

종재기 · 종바리

잃었다 한탄 마라
종재기 팔자이다

얼마를 담으려고
그토록 애를 쓰나

종바리 형님을 봐라
웃고 있지 않느냐.

가지가 휘다
비바람 몰아치다
추수 두어 알.

빨갱이

빨갱이 연놈들이 어디에 사느냐고
한 지붕 이고 사는 식구라 하더라도
제 몫만 움켜잡으려 악을 쓰면 빨갱이.

한 이불 덮고 살며 피와 살 나누어도
새빨간 골통으로 상대편 피를 빨면
그것이 무슨 부부냐 천하 원수 사이지.

일하지 않으면서 붉은 띠 휘두르고
오늘은 정치 놀음 내일은 노동 운동
요놈들 대한민국의 빨치산들 애비지.

분 바른 얼굴
칠월의 눈이 온대
빨간 혓바닥.

앙금

뼈끝을 파고드는
정월의 이른 춘풍

코끝에 피어나는
정든 님 향기 어려

삶이란 삶음이라지
데어버린 앙가슴.

초춘풍 칼날
가슴 속 앙금 사랑
시뻘건 용암.

하늘이여 땅이여

하늘하, 하늘이여! 땅이여, 땅이시여!
하늘은 내려오고 땅바닥 올라가니
대한아, 대한민국아! 너의 운명 어디냐.

오른쪽 썩어 있고 왼쪽은 미쳐 있다
이놈은 명예 갖고 저놈은 권력 차지
두 놈이 한 통속인데 백성들만 아아아.

탱탱 빈 꼴통
히말라 악귀 설표
복수초 울고.

고픈 배는 참지만

고픈 배 참지만은 아픈 배 못 참잖아
있는 놈 배운 놈들 모조리 밟아야지
땀방울 왜 흘리는가 뺏어 먹고 놀자고.

속속히 썩어 있고 겹겹이 뭉개졌다
경상도 벙벙대고 전라도 뱅뱅대도
두어라, 씨파랄 놈들 빨간 세상 되잖아.

흥부네 흥흥
놀부네 놀고 먹고
동짓날 개떡.

바보

밥 하난 잘도 먹지
팔십 년 해가 지고

밥보니 밥만 알지
그러니 바보 맞지

내 평생 해 질 무렵에
어렴풋이 알다니.

저녁놀 붉다
생명줄 아옹다옹
흰서리 내려.

미수(米壽)

혼자서 하루 종일
방 안에 누워 있다

술친구 밥 친구들
모두 다 어디 갔나

애들도 팔다리 저려
독방 감옥 살겠지.

하루살이 왈,
인간은 이틀 살이
봄밤은 짧고.

위대하신 대한민국

큰소리 뻥뻥 치고 방귀를 펑펑 뀌고
가래침 탁탁 뱉고 눈알을 부라리며
제 맘껏 발광하여도 아무 일도 없는 땅.

양심이 어디 있고 정직이 어디 있고
인륜이 밥 먹여 줘 도덕이 옷 입혀 줘
악쓰고 기를 쓰면서 할퀼 대로 할켜라.

내 나라 나의 조국 새카만 대한민국
악바리 잡놈들과 악순이 개잡년들
새빨간 눈알 굴리며 게거품을 무는 곳.

사기 쳐 뜯어 먹고 공갈쳐 뺏어 먹고
낮에는 찍새 먹고 밤에는 꺾쥐 먹고
먹는 놈 장땡인 나라 분칠 고운 무덤 속.

회칠한 무덤
스스로 황천길을
얼어 뒈질 놈.

한 여인

한 여인 가슴 속에 잔잔히 묻어 두고
평생을 사모하며 그리움 더 하는 맘
하늘이 열리는 밤낮 해님 달님 더불어.

눈 뜨면 아련하고 감으면 화사하여
가슴엔 꽃이 피고 눈에는 이슬 어려
긴 한숨 깊고 깊어서 사지 녹아 내린다.

삼십 년 지나갔고 사십 년 지나간다
사는 일 힘들었고 긴 세월 지났지만
임 그린 그 마음이야 어제 일이 아닌가.

몇 년을 더 그릴지 하늘만 알겠지만
팔순이 훨훨 날아 석양에 묻혔으니
조용히 두 눈 감는 날 그리움도 감겠지.

꽃잎 지는데
나비의 머뭇거림
삭풍은 불고.

벼락

공부도 벼락 치듯
사랑도 벼락 치듯

사업도 벼락 치듯
출세도 벼락 치듯

한 십 년 촐싹대더니
벼락 치듯 망했다.

빨리 먹는 밥
오뉴월 황소걸음
가을 밤송이.

저녁놀

어제 일 후회하고
내일 일 걱정하고

낮에는 허둥지둥
밤에는 어둥버둥

오늘도 메아리 없이
저녁 노을 벌겋다.

쳇바퀴 돌 듯
세월은 화살이다
섣달도 그믐.

비워라

꽉 차면 비워지고
비워야 채워지는

세상의 이런 이치
이 진리 내가 몰라

악마에 몽땅 털리고
가슴 치며 피눈물. ·

꽉 참을 몰라
천만 날 거지 행각
트롤 헛바닥.

모진 놈

고생해 모은 재산
선한 곳 뿌리시오

모을 때 생각하여
감추고 아끼다가

모진 놈 한 아가리에
쏟아붓게 됩니다.

피땀의 재산
눈물진 곳 뿌려요
배짱이 꿀꺽.

하늘 바늘

이놈 돈 꿀꺽하고
저년 들 벌컥하고

감언과 요설로써
휘몰아 덮치지만

하늘의 바늘 하나를
어찌 삼킬 것인가.

법조문 꺼져
윤리 도덕 콧방귀
하늘 그물하!

염화미소

질척한 진흙 속에
큰 뿌리 깊게 박고

세상의 오만 쓴맛
모조리 씹은 연후

오묘한 연꽃 한 송이
염화미소 아닌가.

행복하련가
돈 주고 사라, 고생!
눈 속 홍매화.

안경

내 눈에 안경 있어
세상을 밝게 본다

내 맘의 안경 하나
그 누가 만들려나

놈들의 시커먼 속을
환히 보는 안경을.

속 검은 백로
하얀 가슴 까마귀
한겨울 죽순.

보청기

먹먹한 귀 안에다
보청기 들였더니

손녀의 옹알 소리
옥구슬 소리로다

양심의 소리도 듣는
보청기는 어딨나.

세파의 소리
개울물 찰랑찰랑
소쩍새 소쩍.

옷

내복을 입은 채로
난로가 앉았더니

온몸이 후끈후끈
불덩이 되는구나

마음도 따뜻해지는
옷 한 벌을 지어줘.

의복이 날개
입은 거지 밥 먹고
가슴은 서리.

천혜

오늘도 집 밖에서
천혜의 복을 받자

밝은 해 맑은 공기
옹달샘 깊은 호흡

돈 한 푼 없이 나가도
하하허허 호호호.

만금을 준다
무슨 힘이 솟을까
가을 뒷동산.

사진

내 청춘 돌려 다오
내 청춘 어디 있나

청춘 땐 지겹다고
생쇼를 다 해 놓곤

사진첩 들추어 봐라
내 청춘이 다 있다.

장발의 청춘
정말로 즐거웠나
백발의 청춘.

무지개

무지개 꿈을 쫓아
산 넘고 물을 건너

이국땅 수만 리로
웃으며 떠난 자식

그곳도 인간 사는 땅
눈물이나 없거라.

미국은 좋다
고려국 솔롱고다
뼈 시린 북풍.

봄꽃

화사한 봄꽃 너를
얼마나 기다렸나

긴 겨울 짧은 너희
가슴이 아리구나

팔순에 몇 번 더 보고
먼 길 떠나 가려나.

눈 오는 긴 밤
봄꽃은 열흘인데
북극성 타다.

우리 집

작은 상 반찬 세 개
보리밥 한 사발씩

거친 옷 짧게 입고
팔베개 하고 잔다

거적문 달고 살아도
오손도손 우리 집.

대궐 같은 집
가족들 울퉁불퉁
추풍에 낙엽.

뿌리

나무는 높이만큼
뿌리도 깊어진다

나무는 너비만큼
뿌리도 넓어진다

내 인생 황혼이 되어
잎 하나가 없구나.

스잔한 인생
아등바등 살았다
허수아비 손.

면경

하루에 몇 번이나
얼굴을 비춰 본다

이쁘면 미소 짓고
미우면 찡그린다

누이야, 마음도 보는
심경 하나 사 줄까.

금상첨화에
교언영색의 솜씨
까마귀 가슴.

가슴속 사진

벚꽃이 만개하여
눈부신 동산에서

상춘객 사진 찍기
올림픽 열리었다

가슴에 담을 천국을
번쩍번쩍 태운다.

벚꽃 짚신짝
사쿠라는 게다짝
겨울 소 음매.

바다

첩첩의 산골 마을
하늘은 한 손바닥

마음은 딱 반 평
성격은 대꼬챙이

바다는 눈을 감는다
어찌 상종 하리오.

좁쌀 홈 파기
우물 안 개구리들
여름 태평양.

소시민

아파트 9층에서
아래를 내려본다

오월의 신록들이
춤추며 노래한다

장대한 산하 웅장이
부러울 게 뭐 있나.

봄에는 간다
여름에는 꼭 간다
단풍잎 팔랑.

인연

오는 님 막지 말고
가는 님 잡지 마라

인연의 남음이요
인연의 끝남이다

한세상 울고 웃으며
그럭저럭 살거라.

오는 님 곱상
가는 님 밉상이라
겨울 다음 봄.

산

백두산 가 봤다고
주저리 자랑하고

알프스 올랐다고
뻐기는 이웃들아

네 마음 작은 앞산은
왜 못 넘고 우느냐.

산에 걸리어
넘어지는 놈 봤나
얼음 돌부리.

멀뚱멀뚱

한 끼만 못 먹어도
배고파 힘들었다

한 사흘 안 읽으면
읽고파 안달났다

늙었나, 아니 먹어도
안 읽어도 멀뚱타.

입맛도 가고
글맛도 갔나 보다
스잔한 추풍.

하(河)와 강(江)

굽이쳐 흐르면은
황하의 하가 되고

바르게 흐르면은
장강의 강이 된다

하와 강 흐르고 흘러
인간들의 이야기.

길고 긴 장강
넓고도 넓은 황하
조로의 인생.

조급

조급이 병이로다
망신의 병이로다

생각이 어디 있나
방향이 어디 있나

평생을 뛰고 날아도
빈 자루만 들었다.

성질 급한 놈
만사가 허실 부실
썩은 얼음장.

가만있어

어제는 저 집 가고
오늘은 이 집 가고

아침엔 잔치 가고
저녁엔 장례 가고

이놈아, 가만있는 게
가장 잘한 일이여.

동가 잠 자고
서가에서 밥 먹고
눈비 속 거지.

노인

아침은 혼밥 하고
점심은 건너뛰고

온종일 혼자 있다
저녁엔 혼술 한다

모든 것 포기한 마음
검은 도포 보인다.

혼자 왔다가
예 저기 부딪히다
한 잎의 낙엽.

정지

사내가 정지* 가면 고추가 떨어진다
경상도 할머니는 도무지 말리셨다
엄마는 우시면서도 아픈 몸을 세웠다.

어머닌 할머니 때 그런 말 않으셨다
언제나 누구든지 도우며 살라 했다
할머니 제사 때마다 울으시는 어머니.

제사 끝까지
시어머니 그리워
봄비 눈물을.

* 정지 : 부엌

동무 : 조선

눈물의 조국 강산 두 토막 갈라질 때
동무는 북쪽 땅에 갇히고 말았구나
원통타, 솜 같은 동무 피 흘리며 사는가.

조선은 통곡의 땅 설움과 눈물의 땅
세상의 억압 속에 기어이 저물었다
그 이름 저 건너가서 대한민국 빛나다.

암흑의 땅에
비뚤어진 역사관
겨울 장맛비.

기도드린다

기도를 드린다고
모두들 중얼중얼

드린 것 하나 없고
모조리 달라고만

무엇을 맡겨 놨기에
앙발구*들 되었나.

예수는 부자
우리는 가난뱅이
언 발에 오줌.

* 앙발구 : 욕심꾸러기의 경상 방언

미련

한 사람 미련 두고
오늘도 우는 놈아

흩어진 구름 조각
그 어이 모을 건가

미련에 미련한 놈아
어제 일은 꿈이야.

이놈아, 꿈 깨
노고지리 노오골
여름 흰 구름.

시 한 수

삼백 잔 술 마시고
삼백 수 시를 짓고

달하고 벗님하고
황하에 노를 젓고

아이구, 뒷골방에서
시 한 수가 삼천 척.

우짜노 이를
눈앞이 암벽이라
시 한 수 삼동.

돌부처

오는 이 여기 오나
가는 이 저기 가나

눈알이 아리도록
귓속이 멍멍토록

고독한 봉황이어라
돌부처님 되어라.

바라지 마라
오는 이 가는 이를
얼어붙은 강.

술

바빠서 밥 못 먹고
죽어도 죽 못 먹고

술술술 넘어가니
주야로 마셔댄다

술 앞에 장사 있었나
북망산천 술술술.

한 잔 두 잔이
열 잔 스무 잔 되고
봄날은 간다.

오만 풍파

무엇이 두려운가
뭣 땜에 초조한가

나이가 어려선가
재물이 없어선가

세상의 오만 풍파를
다 겪었지 않았나.

어리석은 놈
비겁고 우매한 놈
삼동의 맨몸.

친구

십대엔 친구 수가
천 명도 넘었었다

마흔엔 친구 수가
백 명은 더 되었다

팔순엔 줄고 줄더니
나 자신만 친구다.

동무는 좋고
친구는 더욱 좋고
그믐달 떴다.

TV 리모컨

내 마음 가는 대로
이 세상 살아 봤음

앞에는 높은 담장
뒤에는 철조망 길

손 안의 작은 리모컨
내 맘대로 척척척.

밤도 긴 섣달
한데보다 추운 방
타는 앙가슴.

걸레

밥상을 떨어뜨려
난장판 벌어졌다

걸레질 서너 번에
너 언제 그랬더냐

번잡한 내 이 마음을
닦아줄 건 무언가.

여기선 웅성
저기선 둥성둥성
오겡끼데스.

엄마 팔베개

높다란 목침베개
나즈막 목화베개

번갈아 베어봐도
모두가 마뜩찮다

엄마의 가는 팔베개
파는 곳이 어디냐.

엄마 섬 그늘
아기는 팔베개에
덧없는 인생.

이불

내 정성 다 한데도
모두가 불만이다

이불을 뒤집고는
잠들어 버렸었다

상한 맘 포근히 덮을
따슨 이불 없는가.

어제는 진땀
오늘은 코피 줄줄
설상에 가상.

두루마리 화장지

뚤뚤뚤 돌아간다
한 번에 서너 바퀴

똘똘똘 돌아간다
한 번에 아홉 바퀴

이놈도 세상을 안다
착하고도 정직타.

약관- 소 꼬리
불혹 후- 토끼 꼬리
화살의 형님.

오늘은 웃자

인생은 고행이다
어른님 말씀이다.

십자가 지고 가라
어른님 말씀이다.

그렇다, 그렇지마는
오늘 하루 웃어라!

그날이 온다
얼마나 기다렸나
가득한 미소.

달러(Doller)

세상에 뭐니뭐니
하여도 머니란다

달라고 달라 해도
한 달러 안 주더라

미국놈 아닌 네 놈이
달러 가져 뭣 할래.

달러를 달라
원화는 정크더냐
그럼, 엔화는?

새벽

기뻐할 일이 없다
슬퍼할 일도 없다

희뿌연 새벽안개
희미한 먼동 트고

담담히 눈을 떠 본다
긴 한숨의 휘파람.

새들은 울고
꽃들은 웃고 웃고
나는 조용타.

홀로

큰 마당 깊은 우물
그 옆의 오동나무

부모님 형제자매
모두 다 떠나가고

나는 왜 홀로 이 도시
참새 집에 앉았나.

귀촉도 울고
모두 다 고향 버려
부평초 신세.

저녁놀

그때를 생각하며
나날이 숨가빴다

가진 것 한 바리에
지식은 한 길이다

앞산의 산그늘 내려
목 메이는 저녁놀.

천만 년 청춘
붉은 꽃은 단 열흘
무서리 내려.

대머리

여름엔 가로수 잎
무성해 감사하고

겨울엔 가로수 잎
앙상해 감사한다

새빨간 나의 대머리
꾸벅꾸벅 절한다.

민둥산 머리
산불 날 일이 없다
고민만 있다.

전화

내 몸이 아픈 건지
마음이 아픈 건지

전신이 하도 아파
온종일 누워 있다

자식놈 전화 한 통에
씻은 듯이 나았다.

전화도 없다
나도 할까 말까다
따르릉 봄비.

에어컨

등짝에 불이 붙어
활활활 타는 삼복

에어컨 앞에 서니
눈 녹듯 시원하다

속 타는 열기를 식힐
에어컨은 어딨나.

잘 식힌 수박
겉으론 하하 호호
속은 용광로.

장맛비

장맛비 쉬임없이
복되게 내려온다

저 들판 저 산천이
그 품에 안기었다

어머니 치맛자락에
싸인 형제 같았다.

형제들 하하
대청의 엄마 둘레
칠월의 평화.

우리의 정 서방

그 평생 힘을 다해 당당히 살아왔다
모두가 고개 저으며 한 발씩 뒤로 뺄 때
이 물고 주먹 불끈 쥐 눈빛 청청 하였다.

이 세상 하고 한 일 모두가 힘에 겹다
김 서방 핑계대고 이 서방 설레칠 때
정 서방 함성 울렸다, 해보기나 했냐고!

영웅의 예술
물밀듯 쳐들어가
소 떼 몬 대장!

격랑 바다

젊어선 마음 아픔
늙어선 몸의 아픔

젊을 땐 야망으로
늙어선 절망으로

무조건 참아야 한다
격랑 바다 삶에서.

아프다 앙앙
슬프다 어엉어엉
팔자도 좋다.

찬란한 햇살

젊은 날 추억하고
부자 때 기억하며

지금의 내 신세를
한탄들 하지 마라

모두가 흘러간 구름
햇살 찬란하잖나.

그때는 그때
지금은 지금이지
가을 햇살하!

쓰다 달다 하지 마라

젊을 땐 머리 아파
늙음을 생각했다

늙어선 가슴 아파
젊은 날 그려 한다

순이야, 순이 할매야!
쓰다 달다 말아라.

손녀 때 걱정
할미까지 이어져
겨울 마른 강.

지청구

핑계에 핑계 붙여
보름간 방안에만

벽들의 눈치 보여
억지로 밖에 나니

소낙비 가로막아줘
이게 웬 떡 신난다.

장맛비 슬슬
걸어야 산다는데
우선 단 곶감.

마음

가진 돈 넉넉하고
명예도 화려하면

이 세상 먼 끝까지
잔잔한 호수일까

굳세라, 마음 굳세라
철벽같은 마음을.

가득 찬 곳간
세상의 금상첨화
장마 속 토담.

그리움 1

언제나 사랑해라
모두 다 사랑해라

가는 님 사랑하고
오는 님 사랑하라

죽어도 잊지 못할 님
보내지를 말아라.

봄꽃 그립고
갈 단풍 그립더냐
사람 그리움…….

그리움 2

세상의 온갖 풍파
휙 하고 지나가면

너 언제 그랬더냐
까맣게 잊지마는

고운 님 보낸 정한은
날로달로 더해라.

잃어버린 돈
흘려보낸 명예는
사랑의 깃털.

그리움 3

재산을 못 모아서
자식을 잘못 키워

세상의 아픔 슬픔
모두 다 모은대도

정든 님 못 보는 마음
그 아픔에 비하랴.

배고픈 흥부
자식 없는 놀부도
이 아픔 몰라.

내 죄

이 일은 이러하고
저 일은 저러하고

재물도 없다마는
건강도 바가지다

모두 다 내 죄이려니
곱게 달게 받는다.

오늘은 후유
내일은 허참! 허참!
폭설 내리지.

매미 쓰르라미

어디에 누구에게
기대지 않으리라

있는 힘 다하여서
땀 흘려 살아왔고

내 늙어 더욱 힘쓰리
두려울 게 뭐 있나.

매미는 맵고
쓰르라미는 쓰고
나는 나대로.

공원 벤치

똥내 난 엉덩이를
얼굴에 비벼대도

무더운 여름이나
차디찬 겨울이나

늘 거기 기다려 주는
공원 벤치 참 미안!

못 사는 이웃
째려만 보는 인간
동태나 돼라.

병든 임금

고통에 빠져들면
죽음의 병이 온다

병이 든 임금보다
건강한 네가 돼서

세상의 풍파 헤치며
삶의 재미 찾아라.

고통을 넘자
병이 든 부귀영화
오월의 신록.

반쪽

내 반쪽 어디 두고 이리도 허망하냐
지나간 삼십여 년 언제나 허전하여
내 발길 허둥지둥해 반 쪽정이 되었다.

반쪽을 보낸 이후 반쪽이 되었었다
얼굴도 반쪽 되고 의욕도 반쪽 되고
쌓은 것 허물어져서 반편 되어 버렸다.

먹는 것 반쪽 되고 자는 것 반쪽 되고
생각은 몽땅 잃고 희망은 사라지고
마시는 술잔 수만은 두 배도곤 늘었다.

마음엔 슬픔 오고 몸에는 아픔 왔다
언제나 허공이고 언제나 앓았었다
모든 것 떠나 버리고 허허벌판 혼자다.

반쪽만 사니
반편이 팔자 되어
귀뚜리 울고.

공수래공수거

악으로 모은 재산
악으로 달아나고

선으로 모은 재산
선으로 가버린다

어차피 빈손에 빈손
마음 아파 말아라.

세상 왜 왔나
한 판 놀아 보려고
눈비 내린다.

기백

남에겐 최선 해라!
힘 주어 말하면서

내 일은 내일 내일
미루며 게름 핀다

젊은 날 그 강한 기백
엿 바꾸어 먹었나.

강인한 실천
언제적 얘기인가
덜~ 덜~ 선풍기.

하나님의 작정

사악코 추잡하고 독하고 더런 놈들
이 세상 부귀영화 모조리 차지하고
연놈들 그 세상에서 흥청망청 살거라.

하나님 생각했다 독종들 사는 세상
선하고 여린 자들 그곳에 어찌 사랴
가인은 박명 하거라 어서 와라 이리로.

더럽고 독한 놈들 하늘에 올라오면
하나님 머리 아파 할 일을 못 하시니
그놈들 이 세상에서 오래 살게 놔뒀다.

하늘도 싫다
추악하고 더런 놈
동토의 악귀.

물과 돈

그 집은 돈 쓰기를
물 쓰듯 하고 있다

염천의 하늘 아래
목마른 저 나그네

차가운 한 바가지 물
어찌 돈에 비하랴.

물, 생명 본질
돈, 세상의 하나님
가을의 곳간.

세상일

세상에 내 뜻대로
되는 일 몇이더냐

이 일은 저리 되고
저 일은 이리 된다

노여워하지 말아라
죽겠다고 죽더냐.

찰라의 심사
죽었으면 좋겠다
너 정말이냐?

부모 자식

자식의 일이라면
심장이 출렁인다

부모의 일이라면
핑계가 줄을 선다

두어라, 두 눈 꼭 감고
입 다물고 살지라.

사랑이 뭐냐
눈처럼 내려온다
일 년 열두 달.

늙은 친구들

친구들 만나 봐야
시원한 소리 없다

아프다, 서글프다
살기가 힘이 든다

부채질 설설하면서
텔레비나 볼란다.

펄펄한 친구
세월이 흘러 흘러
가랑잎 펄렁.

일

즐거움 꼭대기엔
일하는 즐거움이

그 좋은 돈을 버니
처자식 호호 하하

의식주 흡족한 내 집
세상 행복 큰 창고.

땀 빼는 일벌
온종일 신이 나고
겨울 꿀 창고.

진정한 행복

너 하고 싶은 일들
모조리 다 했다고

가슴이 터지도록
행복이 가득하냐

모자란 놈은 살아도
가득 찬 놈 죽더라.

맛있는 과일
벌레가 먼저 먹고
늦 익은 땡감.

혼자

사내가 하루 종일
방안에 홀로 있다

신문은 건성건성
TV는 설렁설렁

전신의 힘이 빠졌나
허전한 건 또 뭐냐.

외로움인가
고독함이란 건가
하지 긴 하루.

졸업

졸업은 입학이고
끝남은 시작이다

퇴직을 하였다고
서글퍼 하지 마라

죽음도 슬퍼하지 마
새 하늘과 새 바다.

이 세상 삶은
역경의 삶이 맞다
아! 천당 극락.

네 마음

네 몸을 꽁꽁 묶고
네 맘을 비튼 이가

원수놈 이었더냐
사랑놈 이었더냐

모두가 너 자신이다
너 마음만 열어라.

사지가 묶여
평생을 살아온 몸
할미꽃 방실.

너를 대접하라

선배를 만났다고
술 한잔 대접하고

후배를 만났다고
차 한잔 대접하고

너 자신 누가 대접해
너가 대접하여라.

저기 높은 산
여기는 길고 긴 강
목로집 한잔.

좋은 추억

살면서 쌓인 추억
그 나이만큼이다

혼자서 생각해도
얼굴이 붉어지냐

얼굴에 웃음꽃 피는
추억들만 꺼내라.

웃음은 없고
눈물길이 삼천 척
새빨간 단풍.

이맛살

하루를 보내기가
일각이 여삼추라

하루에 노래라도
한 곡씩 불러 보자

오늘이 백일째인데
이맛살이 펴졌다.

입술의 노래
가슴엔 파도 일어
사월의 햇살.

웃음

신발장 벽면에는
거울이 붙어 있다

외출 시 그 거울에
웃음을 보냈더니

사람이 달라졌다고
원수놈이 말한다.

울어도 하루
웃어도 하루 가고
같은 값이면.

양파

양파가 화가 났다
ㅈ 같은 개새끼들

내 껍질 기껏해야
여남 겹 되는 것을

제 놈들 삼천 겹 쓰고
나를 보고 욕을 해.

똥 물은 견자(犬子)
져 물은 소를 보고
멍멍멍 지랄!

감자

강원도 감자 바우
못난 놈 가리킨 말

써브럴, 미친 놈아
먹어나 보았는가

겉과 속 왕창 다른 놈
그 입이나 닫아라.

번듯한 마빡
겉 희고 속 검은 놈
여의도 출동.

어머니도 가시더라

엄마는 이 세상에 영원히 계시리라
이것은 의심 없는 만고의 확신이다
그런데 철인 엄마가 숨을 멈춰 버렸다.

세상에, 이 세상에 이런 일 있을쏘냐
벌린 입 못 다물고 멍하니 서 있는데
나 또한 숨을 못 쉬고 산송장이 되었다.

어제는 어느 아빠 오늘은 어느 엄마
우리의 영원하신 믿음의 기둥들이
그렇게 떠나가신다 돌아봐라, 네 부모!

철 같은 엄마
영웅 같은 아버지
늦가을 단풍.

천장과 천당

천장만 쳐다보며
멍하니 누웠다가

슬며시 잠이 들어
하나님 만났었다

이놈아, 천장만 보면
천당 간다 하더냐.

일을 하여라
그 다음 먹어야지
흥부 집 곳간.

제 인생 크기만큼

옛 애인 생각하며 오늘도 가슴 친다
그이와 결혼했음 이렇진 아닐 텐데
두어라, 너의 그릇이 그것밖에 안 되니.

그 사업 지금까지 계속해 왔더라면
오늘날 이 나라의 대기업 됐을 텐데
아서라, 너의 그릇은 구멍가게 딱 맞다.

대학을 졸업한 후 대학원 들어가서
연구를 하였다면 교수가 됐을 텐데
관둬라, 중학교 교사 그게 네겐 딱 맞다.

제 크기만큼
살다가 가는 거지
궁시렁 왜 해?

냉장고

냉장고 열었더니
창고가 되어 있다

온갖 것 들어 있다
신발만 빠져 있다

어머니 천당 가신 게
이리 다행일 수가.

어머니 손길
세월 지나 더 그려
흰서리 성성.

내가 드리는 선물

내 소유 물질 중에
최고품 선별하여

두 무릎 꿇고 앉아
눈물로 기원한 후

당신께 올려 드리니
제 마음을 아소서.

이 정성덩이
그야말로 선물하
추석 둥근 달.

나침반

정교한 나침반을
찬찬히 내려본다

생활의 작은 도구
이렇게 정밀한데

백 년의 인생 나침반
무슨 수로 만드나.

인생 굽잇길
천 길까 만 길일까
눈 덮인 외길.

어찌 눈 감으랴

한 번만 살아 보자 현명한 인간으로
팔순이 지나도록 허공만 밟았었다
눈 감을 그 순간에는 억울해서 어쩌나.

이렇게 넘어지고 저렇게 자빠졌다
혼자만 고독했고 혼자만 서러웠다
지는 해 바라보면서 붉은 눈물 흘린다.

아는 놈 뜯어 가고 모른 놈 해쳤지만
고통과 시련 속서 이렇게 살아 있다
한 번도 양심 속인 일 없었다는 한 가지!

나 보고 웃다
친척도 친구들도
찬 서리이고.

바람

바람이 있다 하면
즐거이 사는 거다

세상의 작은 일에
파묻혀 살지 말고

바람아, 불어와 다오
내 바람아, 익어라.

통쾌한 바람
내 가슴속 지나고
시원한 인생.

덥다 춥다

매미가 그늘에서 덥다고 앵앵 운다
뙤약볕 밭을 매는 엄마를 약 올린다
엄마가 하시는 말씀, 그게 무슨 철 있나.

북풍은 햇볕 이고 춥다고 윙윙 운다
눈 속서 논 일 하는 아빠를 약 올린다
아빠가 하시는 말씀, 그게 무슨 철 있나.

인간의 의지
산하가 감동하고
만물의 영장.

기적

상상도 못 한 일이 후다닥 벌어졌다
쉰 살도 가물했던 우리의 목숨줄이
백 살도 저리 가라다, 영웅들이 되잖아.

피죽도 잇지 못해 피골이 상접했던
이제는 다이어트 인생의 제일 목표
세상엔 기적이 있다, 영웅들이 되잖아.

조국 대한아
영웅들아, 눈 떠라!
한여름 밤 꿈.

지팡구

지구 위 황금 나라
동방의 섬나라다

팡팡한 지식 위에
야무진 삶의 설계

구원의 후지산 솟고
사쿠라꽃 피었다.

일본, 일어나!
영웅들은 섬에서
사쿠라, 국화(菊花).

* 지팡구 : 일본

만족

한강은 채웠지만
네 욕심 못 채웠네

말 두면 마부 두고
논 사면 밭 사야지

만족타, 너무 꽉 찼다
네 마음을 비워라.

언제쯤 행복
허방한 너의 욕심
개똥지빠귀.

부러워

부러워 하지 마라
그까짓 서 푼짜리

네 가진 만 냥짜리
구석에 던져두고

이놈아, 언제 철들래
우락부락 네 낯짝.

놀부의 욕심
제비 다리 뚝 꺾어
베짱이 신세.

잡놈들

부귀와 공명 속에
권력을 거머쥐고

여기선 뻥뻥대고
저기선 빵빵대고

잡놈아, 너가 뭘 알아
없는 자의 설움을.

거짓말 천국
역겨운 인간 천지
삭풍만 불고.

족보

조상님 논밭 팔고
소 팔아 장만했다

목숨을 걸어놓고
그 어른 지키셨다

후손아, 읽어나 봤나
박사 놈도 못 읽어.

옛날 박사님
후손들 생각 않고
지금 박사는?

무명작가

눈알서 피가 나고
손가락 부풀도록

오늘도 글을 쓰고
없는 돈 책을 낸다

열 권도 팔지 못한 책
쓰레기만 쌓는가.

여인숙에서
들썩들썩 어쩌구
인기 작가들?

너를 지켜라

날 위해 기도하고
날 위해 울어 줄 이

친척은 어디 있고
친구는 어디 있나

어머니 가신 이 세상
네가 너를 지켜라.

언제나 홀로
엄마 없는 이 세상
냉골의 윗목.

어리석음

너 짐 진 모든 허물
너 가진 모든 환란

너 속의 어리석음
내뿜은 것이로다

가슴엔 고드름 가득
어리석음 대가다.

패배한 자는
하나님도 외면해
어쨌든 이겨!

한

가슴에 잉걸불을
가득히 담고 산다

어제는 소리치고
오늘은 나뒹군다

내일은 하얀 재 되어
염라대왕 만나리.

놓아야 한다
손에 쥔 그 불덩이
벼락 냉천수.

만년필

언제나 한결같이
묵묵히 일을 한다

묵직한 손맛에서
듬직한 글씨 되어

만년의 역사 위에서
만년에도 벗이다.

만만한 존재
절대로 아닌 것은
춘추의 증언.

연필

양철로 만든 필통
그 안에 몽당연필

허리에 책보 매고
달리고 또 달리고

집에 와 숙제 하려면
또 깎이던 그 꼬마.

새로 긴 연필
아까워 모셔 두고
꼬맹이 친구.

볼펜

땅감은 토마토요
밀감은 귤이라네

물외는 오이이고
돌기름 석유이다

볼펜은 거미 똥구멍
연필이다 희희희.

참으로 편한
잃어도 아깝잖는
진짜 글쟁이.

먹물

먹물도 먹물 나름
제대로 배워야지

여기서 한 장 보고
저기서 하나 듣고

그놈도 먹물이라니
기가 차는 이 세상.

지식은 없고
지혜는 콩 꿔 먹고
허연 먹물들.

너의 목소리

부엉이 부엉부엉
까치는 까악까악

개구리 개굴개굴
딱딱딱 딱따구리

그 잘난 너는 세상에
무슨 소리 내느냐.

바람 불기 전
코 박고 꼬꾸라져
몽땅 쓰레기.

막걸리

서박이 수박이요
서과는 사과이다

호떡은 오랑캐 떡
빈대떡 넓적하고

막걸리 막 퍼먹고는
막가는 놈 되었다.

서양서 온 것
오랑캐에서 온 것
신토불이야.

새

독수리 산적이요
갈매기 살쾡이다

제비는 강남 오빠
비둘기 떼거지들

참새는 참으로 새다
마당에서 쨱쨱쨱.

뱀이 새의 형
새의 다리 비늘들
정흙이 각각.

검

일본산 검도 있고
중국산 검도 있다

일본 검 경쾌하고
중국 검 묵직하다

조선아, 어느 검 아래
그리 아파했느냐.

조선 민족 활
중국 족속은 장창
일본 니뽄도.

질그릇

질그릇 순후하고
도자기 뻣뻣하다

오늘도 도자기에
음식을 담았구나

뻣뻣한 모가지 아파
질그릇에 밥 다오.

분수에 맞춰
맘 편히 살아야지
오상고절 맘.

놀라지 마시게

새벽엔 더욱 아파
눈물이 절로 난다

그러다 어느 시간
어디서 눈 감을지

아들아, 언제 어디든
놀라지를 마시게.

노인의 고통
내일을 기약 마라
마지막 팔랑.

못된 습관

눈앞이 캄캄하다
핸드폰 안 봐야지

또 다시 안약 넣고
주먹을 불끈 쥔다

어느새 핸드폰 켜고
히히 허허 하는군.

작심 반 시간
무서운 그 중독성
겨울 까마귀.

커튼

그 뒤엔 뭣이 있나
유리창밖에 없다

무엇을 숨겼길래
커튼을 쳤다 하나

검은 맘 커튼으로 쳐
누구 눈알 빼려나.

조악한 인생
쥐새끼 눈알 또륵
얼음 지옥길.

만족

무엇을 그리 바라
오늘도 찌푸리나

하늘은 에메랄드
이 땅은 골드바야

이 세상 모두가 내 것
무얼 더해 뭣하나.

너 가진 것의
십 분의 일만 쓰고
피안 세계로!

중독

운동도 중독이다
하루도 빠짐없이

휴식도 운동인데
그것을 잊었구나

일요일 왜 있었던가
쉬엄쉬엄 살자구.

일만 하지 마
즐겁게 놀아야 해
찰라의 우리.

멋진 인생

황제도 떠나가고
영웅도 멀리 갔다

이 세상 사는 동안
얼마나 애썼을까

맘 편히 살았던 우리
상큼하게 떠나자.

영웅은 구름
황제는 강물 같고
우리는 웃자.

살모사

원수를 갚겠다고
그 악종 살모사를

그놈은 제 어미도
꿀꺼덕 삼킨 놈야

두어라, 마음 비우고
내 술 한 잔 받아라.

뱀- 제 어미만
악종- 제 부모 모두
만물영장- 똥.

깜냥

깜냥도 안 되는 놈
까불다 코피 터져

어르신 제 깜냥껏
정성을 다 했습죠

한 가지밖에 모른 놈
시건방은 왜 떠나.

방송- 한 마디
신문- 한쪽 귀퉁이
아나 박사님.

시나브로

가랑비 내린다고
우비를 내던졌다

소낙비 옷 적시고
가랑비 옷 적신다

챙겨라, 시나브로의
위대함을 알지라.

하루 한 걸음
백일이면 몇 걸음
일원이 일억.

잉크

시커먼 잉크 방울
대야에 가득 퍼져

깨끗한 물 세상이
먹물이 되었구나

시커먼 추장 한 놈에
나라 길이 저승길.

새빨간 한 놈
오천만 속았수다
대학 수 많지!

정립(鼎立)

강아지 다리 세 개
밥솥은 다리 네 개

강아지 밥솥 다리
하나를 빼앗았다

한 맺힌 가마솥 아재
눈물 찔끔 흘린다.

똥개들 모여
하나님 협박하여
다리 하나 더.

* 가마솥 - 밥 지을 때마다 울고
* 개 - 나중에 얻은 다리가 너무나 귀하고 고마워서 오줌 쌀 때마다 그 다리를 번쩍 든다.

전각 화각

전각과 인장학은
도장을 파는 예술

화각은 쇠뿔 깎아
붙이는 고도 예술

선조님 섬세한 예술
반도체로 이었다.

젓가락 문화
모내기 농사 문화
오지(五指)가 활짝.

~~~지

아버지 할아버지
아비지 대막리지

지극히 커 보였고
전지전능 장군들

~지자의 의미 알겠나
대장부 중 대장부.

아버지- 장군
할아버지- 대장군
나는- 벌벌벌.

* 지 : 남자의 존칭

~~~니

어머니 할어머니
큰언니 작은언니

언제나 반겨주고
언제나 안아주고

~니자의 의미 알겠나
천사 중의 큰 천사.

할머니- 업고
큰언니- 쓰다듬고
나는- 헤헤헤.

* 니 : 여자의 존칭

미주알 고주알

사내들 모여 앉아
똥구멍 얘기하고

계집들 둘러앉아
아랫것 쏟아내고

히히히 깔깔깔 하여
속속들이 다 안다.

사내들- 쑥떡
계집들- 소곤소곤
흉보는 천재.

* 미주알 : 항문, 고주알 : 공알

자생 빨갱이

고픈 배 참지마는
아픈 배 절대 NO!

얼마나 요사하고
얼마나 기괴한지

골통 속 빨간 생각들
바다보다 더 넓다.

일은 왜 하나
먹을 것 천지인데
빨간 머리띠.

바다

바다다! 개울물이
다 함께 소리쳤다.

수챗물 한 줄기가
우리도 받아줄까

걱정 마! 다 받아준다
그러니까 바다지.

가슴을 펴라
원수도 사랑하라
대풍년 곳간.

* 바다 : 모든 물을 다 '받아준다'라는 뜻에서 '바다'라 부름.

오늘

오늘은 내 일생서
제일로 청청한 날

머리가 빙빙 돈다
가슴엔 숨이 찬다

이러면 절대 안 되지
후회한다, 오늘 밤.

세월은 화살
오늘이 가장 젊어
폭설이 펑펑.

희망

희망을 버렸더니
용기도 자빠졌다

희망에 돈 들더냐
희망이 짐 되더냐

희망은 너의 가슴 속
용암처럼 끓잖아.

판도라 상자
너의 가슴속 용암
삼복의 농부.

짧은 삶 짧은 시

열매

올 봄내
올 여름내
농부가 흘린 땀방울이
여기 모두 달렸네.

나의 사랑

나는
사랑이
사랑하는 것만을
사랑하려고 했다.

이순과 고희

이순 때까지는

산길을 걸을 때에도

자전거를 타고 갈 때에도

좋은 집만 보였다.

햐!

그 사람

조상복도 많다!

고희 때부터는

들길을 걸을 때에도

차를 타고 달릴 때에도

좋은 묘지만 보였다.

햐!

그 사람

자손 복도 많다!

삶

삶이란?
삶음이다!
얼마나 뜨거우랴?
그래야
제 맛이 나거든!

나와 옥수수

나는 늙으니
수염이 하얘졌다
옥수수는 늙으니
수염이 까매졌다
나는 늙으니
이빨이 듬성듬성해졌다
옥수수는 늙으니
이빨이 촘촘해졌다.

모과(모개)

못나도
늙어도
썩어도
진물 나지 않고
냄새나지 않는
모개는
내 친구!

봄꽃은 첫사랑

그렇게 가슴 설레게 오더니
이렇게 가슴 저리게 가 버리네.
밤새!

추억

세월의 길이만큼
더 가까워지는 추억!

인생

사랑하는 사람 하나와

손잡고 평생 걸었다면

인생

그것으로

다 이루었다.

당신의 무게

이 세상 여자
다 합치면
당신 눈썹 하나 무게.

내 사랑 네 사랑

머리로

사랑한 나!

가슴으로

사랑한 너!

빈손

살다 보니
정말
사랑하는 건
잃어버렸다.

그리움 달고

심장 없이 사십 년
그 자리에
그리움을 달고!

곶감 말리는 모습

온 동네가 절집이다
집집마다 연등을 많이도 달았구나.

아리랑(郞) 쓰리랑(娘)

우리 사랑 어이 하리
가슴 아린 뒷집 총각아!
가슴 쓰린 앞집 처녀야!

* 郞 : 총각 랑 娘 : 처녀 랑

염소

긴 수염까지 휘날리는 소가
매에! 매에!가 뭐냐?
채신머리도 없지!

* 髥 : 수염 염

한글 한문

아버지 — 父

어머니 — 母

글자를 처음 배우는

아프리카 어린이는

어느 문자가

배우기 더 쉽다고 말할까.